S0-CFM-054

Yellow Umbrella Books are published by Capstone Press,
151 Good Counsel Drive, P.O. Box 669, Mankato, Minnesota 56002.
www.capstonepress.com

Printed in the United States of America

Library of Congress Cataloging-in-Publication Data
Ring, Susan.
[Light and shadow. Spanish]
Luz y sombra / por Susan Ring.
p. cm.—(Yellow Umbrella: Science - Spanish)
Includes index.
ISBN 0-7368-4137-7 (hardcover)
1. Light—Juvenile literature. 2. Shades and shadows—Juvenile literature. I. Title.
QC360.R55618 2005
535'.4—dc22 2004048782

Summary: Introduces different kinds of light, the properties of light, and how light can create shadows of different shapes and sizes.

Editorial Credits
Editorial Director: Mary Lindeen
Editor: Jennifer VanVoorst
Photo Researchers: Wanda Winch
Developer: Raindrop Publishing
Adapted Translations: Gloria Ramos
Spanish Language Consultants: Jesús Cervantes, Anita Constantino
Conversion Editor: Roberta Basel

Photo Credits
Cover: David Seawell/Corbis; Title Page: Jim Foell/Capstone Press; Page 2: BananaStock Ltd.; Page 3: Jim Foell/Capstone Press; Page 4: Lawrence Lawry/PhotoDisc; Page 5: Jim Foell/Capstone Press; Page 6: Jim Foell/Capstone Press; Page 7: Steve Cole/PhotoDisc; Page 8: Creatas; Page 9: Jim Foell/Capstone Press; Page 10: Comstock; Page 11: Jim Foell/Capstone Press; Page 12: Jim Foell/Capstone Press; Page 13: Vicky Kasala/PhotoDisc; Page 14: Creatas; Page 15: Jim Foell/Capstone Press; Page 16: Jim Foell/Capstone Press

1 2 3 4 5 6 10 09 08 07 06 05

Luz y sombra

por Susan Ring

Consultant: Dr. Paul Ohmann, Assistant Professor of Physics,
University of St. Thomas

Yellow Umbrella Books
Science - Spanish

an imprint of Capstone Press
Mankato, Minnesota

El sol nos da luz.

Las lámparas nos dan luz.

Las velas nos dan luz.

Hay muchas maneras de obtener luz.

La luz pasa por el vidrio.

La luz pasa por el vidrio de color.

La luz no puede pasar por una pelota de fútbol.

¿Puedes ver la sombra de la pelota?

La luz no puede pasar por mí.

¿Puedes ver mi sombra?

Una sombra puede ser grande.

Una sombra puede ser chiquita.

Mi sombra salta conmigo.

Mi sombra corre conmigo.

¿Qué sombra ves aquí?

Glosario/Índice

(la) **lámpara**—utensilio para producir luz artificial; página 3

(la) **luz**—energía que hace visible todo lo que nos rodea; páginas 2, 3, 4, 5, 6, 7, 8, 10

(la) **pelota**—bola hecha de algún material flexible, que sirve para jugar; páginas 8, 9

(el) **sol**—estrella luminosa alrededor de la cual gravitan la Tierra y los demás planetas; el sol da luz y calor; página 2

(la) **sombra**—imagen oscura que proyecta un cuerpo del lado opuesto al que le llega la luz; páginas 9, 11, 12, 13, 14, 15, 16

(la) **vela**—cilindro de cera con pabilo que puede encenderse y dar luz; página 4

(el) **vidrio**—sustancia transparente formada de arena derretido, que se usa en ventanas, botellas y lentes; páginas 6, 7

Word Count: 85
Early-Intervention Level: 7